Ondas sonoras y la comunicación

Jenna Winterberg

Asesora

Michelle Alfonsi
Ingeniera, Southern California
Aerospace Industry

Créditos de publicación

Rachelle Cracchiolo, M.S.Ed., *Editora comercial*
Conni Medina, M.A.Ed., *Gerente editorial*
Diana Kenney, M.A.Ed., NBCT, *Editora principal*
Dona Herweck Rice, *Realizadora de la serie*
Robin Erickson, *Diseñadora de multimedia*
Timothy Bradley, *Ilustrador*

Créditos de las imágenes: Portada, pág.1
Shutterstock; pág.12 AF archive / Alamy; pág.22 A. T.
Willett / Alamy; pág.18 Grace Alba; págs.4, 10, 11, 12, 15,
16, 22, 23, 26, 27 iStock; pág.7 Library of Congress (LC-
DIG-ppprs-00369); págs.28, 29 Janelle Bell-Martin; pág.26
Jim Varney / Science Photo Library; pág.19 NASA; pág.17
NOAA; pág.16 Phillipe Saada / Science Source; pág.11 Ted
Kinsman / Science Source; las demás imágenes cortesía
de Shutterstock.

Teacher Created Materials

5301 Oceanus Drive
Huntington Beach, CA 92649-1030
http://www.tcmpub.com

ISBN 978-1-4258-4699-2

© 2018 Teacher Created Materials, Inc.

Contenido

El poder del sonido 4

Ondas sonoras 6

Medir el sonido 10

El sonido viaja 20

Grandes ideas 26

Piensa como un científico 28

Glosario 30

Índice 31

¡Tu turno! 32

El poder del sonido

El sonido nos facilita comunicarnos. Lo usamos para hablar con nuestros padres. Dependemos de él cuando llamamos a un amigo. Es una parte importante de nuestros programas preferidos en la televisión. Y es lo más importante cuando nos ponemos los auriculares.

Los seres humanos no son los únicos que usan el sonido. El reino animal está lleno de ruido. Desde píos y zumbidos hasta maullidos y aullidos, los animales usan el sonido para compartir información y hasta para encontrar el camino.

A veces, el sonido impide la comunicación. Es difícil escuchar a otra persona hablar si la música está alta. Y el bullicio de una multitud puede hacer que sea difícil para los jugadores de fútbol americano escuchar las indicaciones del lanzador. Las construcciones, los aviones y los camiones también producen ruidos lo suficientemente altos para ahogar los otros sonidos.

Buenos o malos, los sonidos nos rodean. La ciencia nos puede explicar mucho sobre los sonidos suaves y fuertes, agradables y molestos. Hasta nos permite detectar y medir sonidos que no podemos escuchar.

Ondas sonoras

El sonido es un tipo de energía que viaja en ondas. La palabra onda generalmente recuerda a las olas del océano y a los surfistas que las montan, o a la forma en la que una soga se dobla hacia arriba y hacia abajo con un quiebre de muñeca. Estos tipos de patrones de onda hacia arriba y hacia abajo están compuestos por **ondas transversales**. Las ondas transversales, como las ondas de luz, viajan en una sola dirección. Las ondas sonoras funcionan de otra forma.

Las ondas sonoras son más como las olas pequeñas que puedes ver en un estanque cuando arrojas piedras. En vez de viajar hacia arriba y hacia abajo en una dirección, las ondas sonoras se mueven en todas direcciones. Este tipo de onda se conoce como **onda longitudinal**. Una pequeña ola en un estanque comienza fuerte, pero gradualmente desaparece. De la misma forma, las ondas sonoras son más intensas en el punto donde se iniciaron. Pierden energía cuanto más se alejan de la fuente. Luego, también desaparecen.

Las ondas sonoras pueden viajar por el agua como las olas. También viajan a través de los sólidos. Pero es más común que experimentemos el sonido cuando viaja por el aire.

¿Observadores espaciales?

Aunque las ondas sonoras no pueden viajar por el espacio, las ondas de radio sí pueden. Las ondas duran mucho tiempo en viajar por el espacio. Si alguna criatura espacial captara nuestras ondas de radio, terminaría viendo viejos programas de televisión. Allá lejos, en la estrella Regalus, estarían viendo el primer juego de béisbol que se transmitió por televisión.

Da palmadas. La acción crea una vibración en el aire que une las **partículas** de aire. Cuando las **moléculas** de aire se aprietan, el aire se **comprime**. Se crea una onda de presión.

El área donde el aire está bajo alta presión es la **cresta**, o pico, de la onda sonora. Las moléculas que se movieron hacia esa área tienen que venir de algún lado. Llegaron hasta ese espacio desde el aire que estaba alrededor. Como resultado, se forma una bolsa junto al área de alta presión donde las moléculas están más separadas. Esta área de baja presión es el **valle** de la onda sonora.

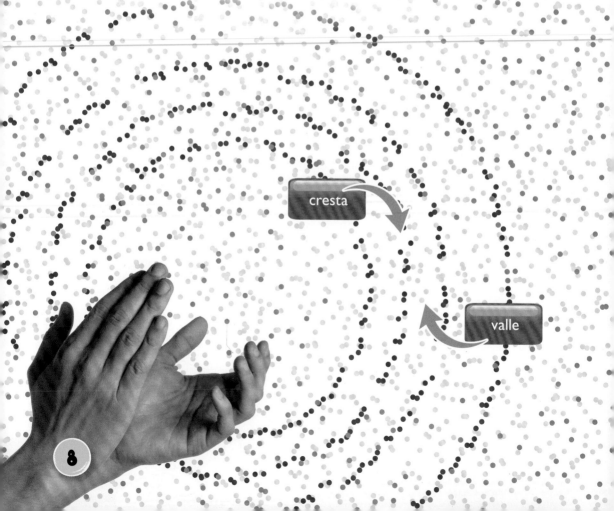

cresta

valle

Ecos en todos lados

Cuando las ondas sonoras chocan contra una superficie dura y lisa, rebotan. Esto crea un eco. La mayoría de los sonidos que escuchamos son en realidad una combinación del sonido original y del eco de paredes, pisos y otras superficies que están cerca.

Este patrón de altibajos continúa. Al expandirse, empuja la vibración de la palmada hacia delante. Las moléculas no viajan. Pero el sonido viaja porque las moléculas en vibración se chocan unas con otras. Esto causa una reacción en cadena que hace avanzar la onda. La onda aleja el sonido de la fuente. Con el tiempo, perderá energía y se disipará.

Más sobre las moléculas

Las moléculas son las partículas que componen la materia. Existen muchos tipos de moléculas y pueden combinarse para hacer todo lo que existe en el universo. Algunos tipos de moléculas son las moléculas de agua, las de oxígeno y las de aluminio.

Medir el sonido

No es frecuente que veamos o sintamos el sonido. Lo escuchamos. El oído humano responde a los cambios en las ondas de presión. Y lo percibe como sonido.

Cuando diste palmadas, ¿el sonido era fuerte? ¿Podrías dar palmadas más fuertes?

El **volumen** de un sonido es el resultado de lo apretadas que están las moléculas. Cuanta más energía tenga una vibración, más apretadas estarán las partículas y más fuerte será el sonido.

Cuando subes el volumen del televisor, aumentas la energía de la vibración. La acción comprime más las moléculas. Hace que el sonido sea más fuerte.

Sonido versus luz

A diferencia de las ondas de luz, las ondas sonoras siempre viajan a través de algo. A veces es algo que puedes ver o sentir, como una pared o un altoparlante. Casi siempre, el sonido viaja a través del aire. Es por esto que no podemos escuchar los sonidos en el espacio, ¡no hay aire en el espacio!

Escala del sonido

20 dB

30 dB

70 dB

75 dB

10

El llanto de un bebé mide aproximadamente entre 90 dB y 122 dB. ¡Más fuerte que la bocina de un automóvil!

Medimos el volumen de un sonido en **decibelios** (dB). Esta es una medida de intensidad que nos indica cuánta energía tiene una onda sonora. Los sonidos más suaves que podemos escuchar son de aproximadamente 10 dB, el sonido de una respiración normal. Los sonidos de 130 dB pueden ser dolorosos; un avión al despegar mide alrededor de 140 dB. Un susurro tiene una intensidad baja, mide unos 30 dB. Cuando las personas hablan, ese sonido es de 40 dB. Hablar es apenas 10 dB más fuerte que susurrar. Pero cada 10 dB de sonido multiplica la intensidad por 10, entonces hablar es 100 veces más intenso.

180 dB

125 dB

140 dB

80 dB

Zona de peligro

El sonido constante puede causar dolor de cabeza y enfermedades, incluso sin ser fuerte. Pero los sonidos con decibelios altos son mucho más dañinos. En poco tiempo, los sonidos de 120 dB pueden ocasionar pérdida de la audición. Todo ruido que supere los 130 dB le causará dolor a quien lo escuche.

La cantidad de energía no es lo único que medimos con respecto al sonido. También observamos las **longitudes de onda**. Esa es la distancia entre los dos picos de la misma onda.

Las ondas pueden ser cortas y estar muy juntas. También pueden ser largas y separadas. Cuando las ondas son cortas, el sonido tiene una **frecuencia** alta. La frecuencia hace referencia a la cantidad de veces que una partícula vibra en un segundo. Una frecuencia alta viene con un **tono** agudo. Un silbido tiene un tono agudo, entonces sabemos que también tiene una frecuencia alta.

Energía de gritos

En la película animada *Monstruos, S. A.*, los monstruos toman la energía que produce el sonido y la usan como su electricidad. No sorprende que no tuvieran la electricidad suficiente de los gritos que capturaban, porque el sonido no produce la energía suficiente para usarse de esa forma.

Las longitudes de onda cortas crean frecuencias altas. Suenan con un tono estridente, como el chillido de un ratón. Las longitudes de onda largas producen frecuencias bajas. Suenan con un tono grave, como el rugido de un león. La frecuencia se mide en hercios (Hz). Los seres humanos pueden detectar sonidos entre los 20 Hz y los 20,000 Hz.

La intensidad de un sonido puede variar con la distancia. Los decibelios disminuyen cuando estamos más alejados de la fuente del sonido, porque la onda pierde energía. Pero la frecuencia y el tono permanecen constantes. La longitud de onda de un sonido no se altera ni siquiera cuando la onda pierde energía.

Auméntalo

También evaluamos la energía detrás de las ondas sonoras de otra forma. Observamos la energía detrás de la vibración. La **amplitud** mide a qué distancia la onda sonora mueve una molécula. Se relaciona con qué tan fuerte o suave es un sonido.

amplitud

Más suave

Más fuerte

longitud de onda

Tono más grave

Tono más agudo

A veces, parece que el tono de un sonido sube y baja. Ocurre cuando la fuente del sonido está en movimiento. Observa una carrera de autos en la televisión y escucha cuando los autos pasan. El rugido del motor se convierte en un *brrrrruuuuuuuuum*. Adquiere un tono más agudo cuando se está acercando. Cuando está delante del espectador, el tono es el real. Y luego, cuando el vehículo se aleja, el tono parece bajar.

Los vehículos de emergencia producen un efecto similar. Cuando sus sirenas se acercan, el sonido parece muy estridente. Pero cuando ya han pasado, el tono parece hacerse más grave. Este es un ejemplo del funcionamiento del **efecto Doppler**.

Cuando la fuente de un sonido está en movimiento, envía una onda sonora y después viaja una distancia corta hasta la siguiente onda. Entonces las ondas que están frente a la fuente quedan apretadas y las ondas que están detrás, se separan. Hace que las longitudes de onda frente a la fuente sean más cortas y el tono más agudo. La longitud de onda detrás de la fuente es más larga y el tono es más grave.

¡La próxima vez que juegues a Marco Polo en la piscina, usa los cambios de decibelios y el efecto Doppler para localizar a tus amigos!

Arroz saltarín

Estira plástico para envolver encima de un tazón y esparce un poco de arroz encima. Sostén una bandeja para galletas encima del centro del tazón. Pégale a la placa con una cuchara de madera y observa lo que le sucede al arroz. ¿Qué sucedería si el tazón y la bandeja se estuvieran tocando? ¿Qué crees que causaría el efecto Doppler?

El efecto Doppler

Los perros pueden escuchar silbidos que nosotros no. Y los gatos pueden escuchar las llamadas de alta frecuencia de los insectos, pájaros y ratones que cazan. El mundo está lleno de sonidos que son demasiado agudos para que los escuchemos. Estos ruidos que superan los 20,000 Hz se llaman *ultrasónicos*. Los animales usan sonidos en este rango para comunicarse. En ocasiones, hasta los usan como instrumento de navegación. Los saltamontes usan este alto rango para buscar pareja. Y los murciélagos tienen mala vista, entonces usan los **ultrasonidos** para encontrar su camino. ¡Los delfines usan el ultrasonido para ambos propósitos!

Solamente porque los seres humanos no podamos escucharlo, ¡no significa que no podamos usarlo! Estos haces de sonido pueden crear calor cuando vibran. Eso les permite grabar, perforar y hasta soldar. Un ultrasonido de alta intensidad puede utilizarse en vez de la cirugía. Se usa para romper cálculos renales que todavía están dentro del cuerpo. El ultrasonido con baja potencia funciona como un sonar. Produce un eco desde dentro del cuerpo. Ese eco crea una imagen de ondas que nos permite ver órganos, músculos y tejido. Usamos el ultrasonido para escanear el corazón y detectar problemas. También examinamos a los bebés antes de que nazcan gracias a esta tecnología.

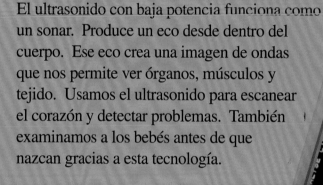

imagen de un ultrasonido Doppler de un bebé en gestación

Localizar con sonido

Los barcos usan el sonar para crear un mapa del lecho marino. El sonar envía pulsaciones de ondas sonoras al agua. Los ecos regresan e indican dónde están las superficies. Es navegación por eco. En la naturaleza, los animales como los murciélagos y los delfines usan la ecolocación de la misma forma.

NOAA
R 104

Así como algunos sonidos son demasiado agudos para que los escuchemos, también existen algunos que son demasiado graves para nuestros oídos. Todo sonido por debajo de los 20 Hz se denomina **infrasonido**.

Muchos animales usan el infrasonido. Las ballenas se llaman entre sí a frecuencias muy bajas. "Cantan" para atraer a su pareja de la misma forma. ¡Algunas especies usan estos sonidos bajos para aturdir a su presa! Los elefantes, rinocerontes y hasta los tigres se comunican con infrasonido.

Canciones de ballenas

Cada especie de ballena usa un sonido diferente para comunicarse. Los sonidos se agrupan por especie y por ubicación. ¡Hay tanta variedad de sonidos que los investigadores están pidiendo tu ayuda para comprender lo que dicen las ballenas! Puedes visitar **http://whale.fm** para ayudar a los científicos a asociar los sonidos de las ballenas.

Notas desde el Sol

Los científicos midieron las vibraciones de la superficie solar. Tradujeron estas vibraciones en ondas sonoras con una computadora. El Sol pulsa con vibraciones complejas. Unas ondas adicionales rebotan en la superficie solar y a la vez viajan hacia su núcleo, haciendo que suene como campanas en una catedral, con diferentes notas, volúmenes y tonos.

Los seres humanos recopilamos datos con el infrasonido. Lo usamos para encontrar recursos que están enterrados en lo profundo de la Tierra. También lo usamos para predecir erupciones volcánicas y otros eventos naturales. Los seres humanos no podemos escuchar el infrasonido. Sin embargo, a menudo sentimos estas ondas sonoras. Unos científicos descubrieron que estos sonidos producen cambios en la presión arterial, la respiración y el equilibrio. También descubrieron que hacen que la gente se sienta enojada o triste.

Niveles regulares de infrasonido pueden hacer caer objetos y hacer vibrar vidrios y ventanas. Solo piensa en lo que sucede cuando un avión pasa volando cerca. Una fuerte explosión de infrasonido podría dejar mucho daño a su paso.

El sonido viaja

Ya hablamos de los sonidos que hacen los delfines y las ballenas. Claramente sabemos que el sonido viaja por el agua, no solo por el aire. El sonido puede viajar a través de gases, sólidos y líquidos. Uno de ellos debe estar presente. Pero en el vacío, como en el espacio exterior, donde no existen partículas para que el sonido se traslade, solo hay silencio.

Si alguna vez has metido la cabeza debajo del agua, sabes que el sonido allí no es el mismo. El tono no cambia, pero la intensidad del sonido se altera.

En un medio líquido, las moléculas se aprietan más que en el aire. Eso significa que se chocan entre sí más a menudo y más rápidamente. Como resultado, el sonido viaja más lejos y más rápido en el agua. ¡De hecho, una onda sonora viaja cuatro veces más rápido en el agua que en el aire!

La energía se esparce rápidamente. Y hace que los sonidos sean mucho menos intensos. Esto se debe a que en vez de estar concentrada, la energía se envía a través de una área más amplia.

Sonidos secretos

Los buzos no pueden usar la voz bajo el agua. Hacen señales con la mano, pero también envían señales con sonidos. Estos códigos con pequeños golpes son patrones de sonidos que hacen golpeando en sus tanques.

Por este mismo motivo, se necesita más energía para que se escuche un sonido. Sin intensidad en la fuente, no habrá energía suficiente para trasladar el sonido.

En los sólidos, las moléculas están todavía más apretadas. Es por esto que escuchamos solamente los sonidos muy intensos detrás de las puertas cerradas.

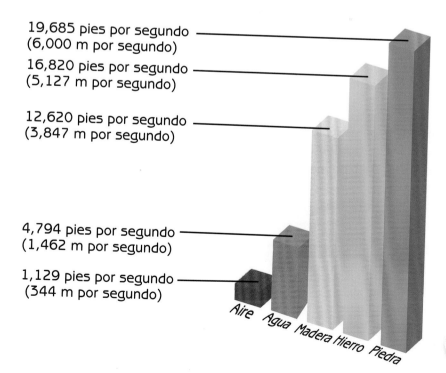

Velocidad del sonido

Las ondas sonoras viajan más o menos rápido según el medio por el que viajen.

19,685 pies por segundo
(6,000 m por segundo)

16,820 pies por segundo
(5,127 m por segundo)

12,620 pies por segundo
(3,847 m por segundo)

4,794 pies por segundo
(1,462 m por segundo)

1,129 pies por segundo
(344 m por segundo)

Aire Agua Madera Hierro Piedra

La velocidad a la que viaja el sonido es diferente en el aire, el agua y los sólidos. Pero generalmente, nos referimos al aire cuando hablamos de la velocidad del sonido.

Incluso en el aire, la temperatura y otros factores afectan la velocidad del sonido. Por lo tanto, no existe un valor establecido para la velocidad del sonido. Podemos sacar algunas cuentas para calcularlo en una determinada situación. Pero en promedio, la velocidad del sonido se encuentra en un rango entre los 900 y los 1,200 kilómetros por hora (de 560 a 746 millas por hora). Un avión viaja en promedio alrededor de 800 km/h (500 mi/h).

No existen muchas cosas que viajen más rápido que el sonido. Pero los aviones de reacción y los cohetes pueden ir más rápido que las ondas sonoras. Cuando un avión viaja a la velocidad del sonido, la velocidad se llama *Mach 1*. Cuando viaja más rápido, el vuelo es **supersónico**.

Sabemos cuando ocurre un vuelo supersónico debido a la barrera del sonido. Cuando un avión o cohete se acerca a la velocidad del sonido, la presión del aire aumenta adelante. Esa presión forma una barrera. Para que una aeronave la rompa, debe viajar más rápido que el sonido. Esto causa una onda sísmica y una fuerte explosión conocida como *explosión sónica*.

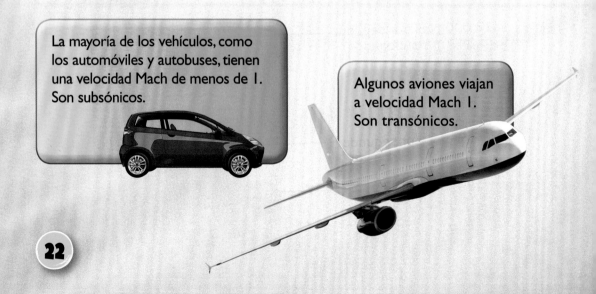

La mayoría de los vehículos, como los automóviles y autobuses, tienen una velocidad Mach de menos de 1. Son subsónicos.

Algunos aviones viajan a velocidad Mach 1. Son transónicos.

Romper la velocidad del sonido

Puedes tener varios tipos de objetos en la escala Mach. Las diferentes velocidades se denominan *subsónico*, *transónico*, *supersónico* e *hipersónico*.

Avión de reacción rompiendo la barrera del sonido

Los aviones de reacción pueden viajar a una velocidad superior a Mach 1. Son supersónicos.

Los cohetes pueden viajar a velocidades superiores a Mach 5. Son hipersónicos.

El sonido viaja hasta determinado punto en la naturaleza. Pero hemos creado métodos para hacerlo llegar más lejos. Hacemos estallar sonidos para las multitudes y hasta los llevamos con nosotros en los teléfonos.

Para hacer estas cosas, primero tenemos que convertir las ondas sonoras en señales eléctricas.

El micrófono es una herramienta que copia las ondas sonoras. Funciona como un tímpano, "escucha" las vibraciones. Pero no solo escucha el sonido, lo reproduce. Un imán dentro del micrófono vibra junto con el sonido. Ocasiona que una pulsación de electricidad viaje a través de un fino cable. Cada pulsación es una copia de la onda sonora. Estas copias se envían como señales eléctricas.

Tiempo atrás, los soldados en el campo de batalla escuchaban órdenes codificadas en el sonido de tambores.

Vibraciones musicales

Cuando bajas la cuerda de una guitarra, la frecuencia de la onda sonora cambia. Hasta el grosor de la cuerda cambia el sonido que se produce.

A veces, se aumenta la potencia de las señales con un amplificador. Luego, se envían a través de altoparlantes para que una gran audiencia pueda escuchar los sonidos. Otras veces, se almacenan las señales para que podamos reproducirlas después. ¡Los MP3 le dan un nuevo significado al sonido en movimiento!

¡Hasta hemos inventado instrumentos eléctricos! Estas guitarras, teclados y tambores hacen muy poco ruido. En cambio, producen señales eléctricas. Se pueden conectar directamente a amplificadores y altoparlantes sin necesidad de copiar.

Grandes ideas

Desde señales eléctricas hasta pequeños susurros, los seres humanos usan el sonido de diferentes formas. Existen sonidos que podemos escuchar, sonidos que sentimos y sonidos que detectamos gracias a la tecnología.

El sonido puede agradarnos y tranquilizarnos, como lo hace la música. Puede enviar una estridente advertencia, como lo haría una sirena. También puede irritarnos, como a veces pasa con los ruidos fuertes.

Utilizamos los sonidos para comunicarnos a través del habla y la música. También lo usamos para localizar cosas a través del sonar y el Doppler. Hasta enviamos mensajes codificados con el sonido, usando tambores y golpes.

Los animales también usan el sonido. Así es cómo encuentran el camino. A veces, así es cómo cazan. Hasta usan el sonido para atraer a su pareja.

Sin importar cuán diferentes sean estos sonidos y sus propósitos, tienen algo en común. Todos se usan para comunicar de alguna forma. Solo tenemos que escuchar atentamente el mensaje.

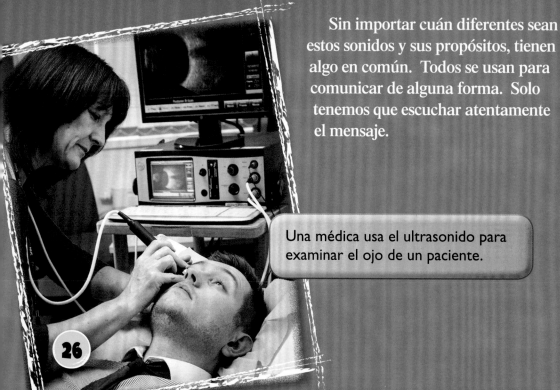

Una médica usa el ultrasonido para examinar el ojo de un paciente.

Decodificar las conversaciones ultrasónicas de los delfines podría revelar pistas sobre lo que existe en las profundidades del océano.

Escuchar los sonidos infrasónicos bajo la tierra podría ayudarnos a predecir los terremotos.

Piensa como un científico

¿Qué tipo de superficie refleja mejor las ondas sonoras?
¡Experimenta y averígualo!

Qué conseguir

- dos tubos de cartón largos

- objetos de diferentes materiales y grosores, como un plato de vidrio, un plato de plástico, papel de aluminio y plástico para envolver

- un objeto que produzca un sonido constante, como un reloj o una radio

Qué hacer

1 Coloca los tubos sobre una mesa de forma que los dos extremos se unan de un lado y estén separados del otro.

2 Pide a un amigo o compañero que se pare donde se unen los dos extremos, y que cubra las aberturas con un objeto a la vez.

3 Donde los extremos están más separados, coloca el objeto que hace ruido junto a la apertura de un tubo.

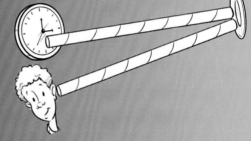

4 Coloca tu oído en la apertura restante. Para cada objeto, escucha cuando las ondas sonoras viajan por el primer tubo, rebotan en el objeto y viajan por el segundo tubo hacia donde estás.

5 Registra lo que oyes. ¿Detectas una diferencia entre el plástico para envolver y un plato de plástico? ¿Qué objeto hizo mejor eco? ¿Cuál amortiguó más el sonido?

Objeto	Potencia del sonido				
almohada	1	2	3	4	5
vidrio	1	2	3	4	5
papel de aluminio	1	2	3	4	5
plástico	1	2	3	4	5
cerámica	1	2	3	4	5
papel	1	2	3	4	5
madera	1	2	3	4	5

Glosario

amplitud: la medición que indica el movimiento o la vibración de una onda

comprime: aprieta

cresta: la cima de una onda

decibelios: unidades para medir qué tan fuerte es un sonido

efecto Doppler: un aparente cambio en la frecuencia de un sonido o luz debido al movimiento relativo entre la fuente del sonido o la luz y el observador

frecuencia: la cantidad de crestas o valles de una onda que pasan un determinado punto en un período de tiempo especificado

infrasonido: ondas sonoras con una frecuencia más baja de la que puede detectar el oído humano

longitudes de onda: las distancias entre dos picos de la misma onda

moléculas: la cantidad más pequeña posible de una sustancia determinada que tiene todas las características de esa sustancia

onda longitudinal: una onda cuya energía viaja en paralelo a su dirección de movimiento

ondas transversales: ondas que se mueven hacia delante y hacia atrás, perpendiculares a la dirección en la que viajan las ondas

partículas: partes muy pequeñas de un objeto grande

supersónico: relativo a velocidades de una a cinco veces la velocidad del sonido en el aire

tono: lo que hace que un sonido sea agudo o grave

ultrasonidos: sonidos con frecuencias más elevadas de las que puede escuchar el oído humano

valle: el punto más bajo entre ondas

volumen: la intensidad de un sonido, que es el resultado de qué tan comprimidas están las partículas

Índice

amplitud, 13, 32

decibelios, 11, 13–14

eco, 9, 16–17, 29

ecolocación, 17

efecto Doppler, 14–15

frecuencia, 12–13, 16, 18, 25

longitudes de onda, 12–14

ondas, 6–14, 16–17, 19–22, 24–25, 28–29

señales eléctricas, 24–26

sonar, 16–17, 26

supersónico, 22–23

tono, 12–14, 19–20, 32

ultrasonidos, 16, 26

velocidad del sonido, 21–23

volumen, 10–11, 19, 32

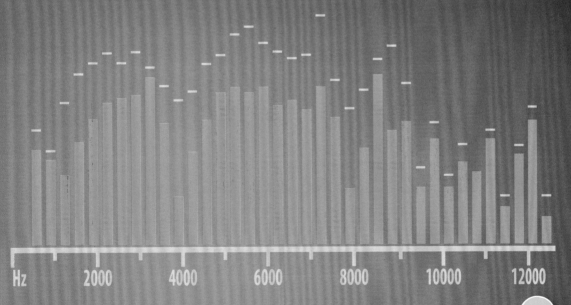

¡Tu turno!

La emoción del sonido

¿Puedes distinguir un sonido triste de uno alegre? Pasa un día escuchando las voces de familiares y amigos. ¿Cómo suenan cuando están enojados? ¿Cómo suenan cuando están felices? Cuando escuchas música tranquila, ¿el sonido es el mismo que el de la música para bailar? ¿Qué te comunica la música en la televisión y en las películas? Piensa en lo que le da a un sonido su emoción. ¿Hay un cambio en el volumen, la amplitud o el tono?